まちごとチャイナ

Liaoning 002 Dalian

はじめての大連

「遼東半島」北海の真珠へ

Asia City Guide Production

【白地図】大連市

CHINA
遼寧省

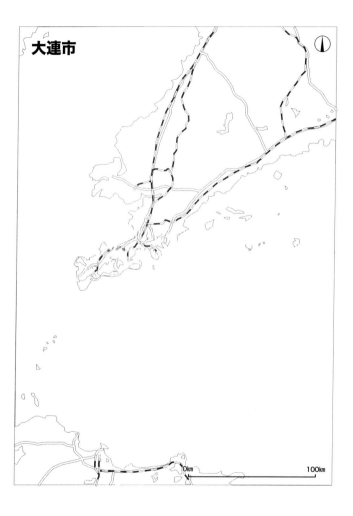

【白地図】大連

CHINA
遼寧省

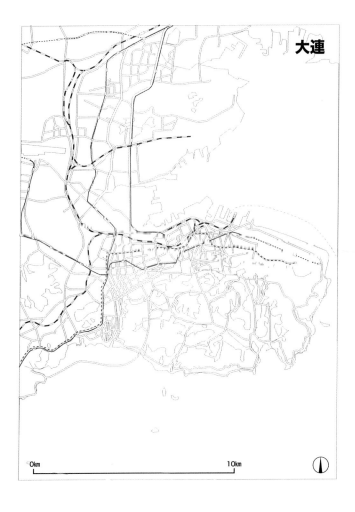

【白地図】大連中心部

CHINA
遼寧省

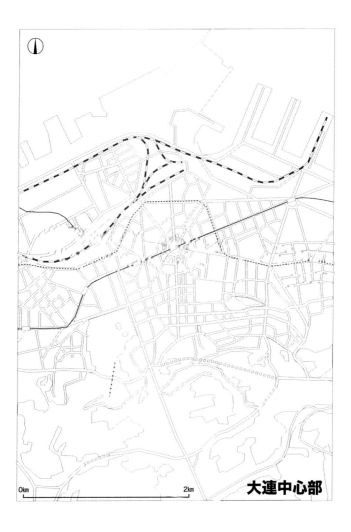

Dalian 白地図

大連中心部

【白地図】大連駅

CHINA
遼寧省

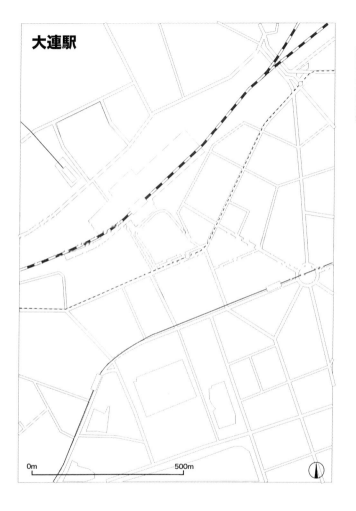

【白地図】人民広場

CHINA
遼寧省

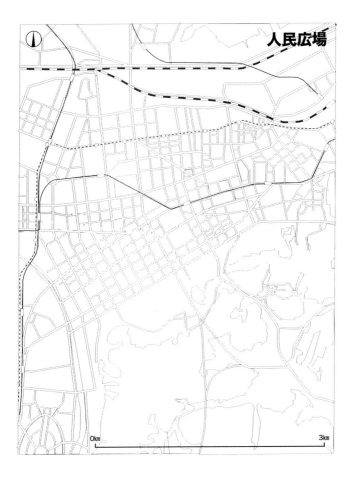

【白地図】大連市経済技術開発区

CHINA
遼寧省

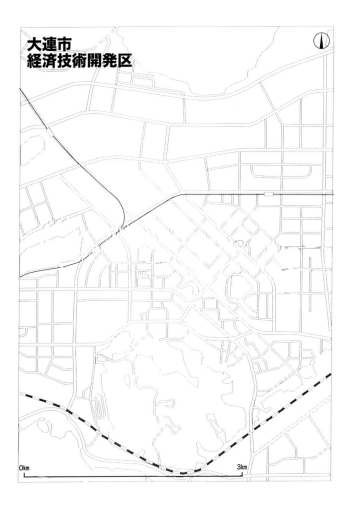

大連市
経済技術開発区

Dalian 白地図

【白地図】旅順

CHINA
遼寧省

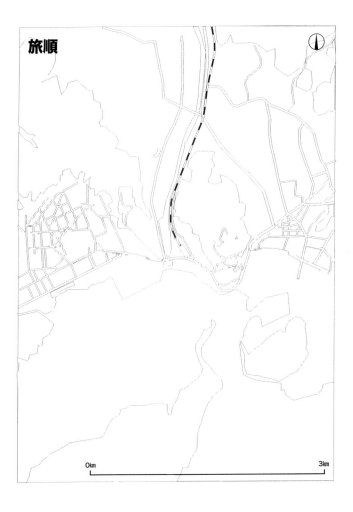

【白地図】旅順郊外

CHINA
遼寧省

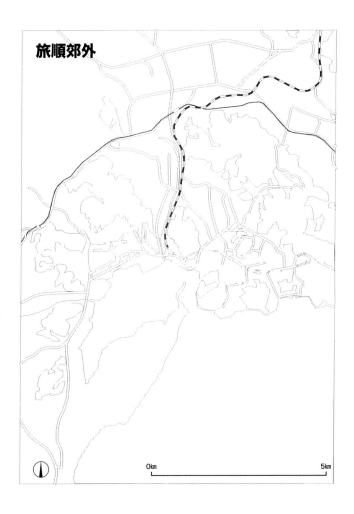

CHINA
遼寧省

【まちごとチャイナ】
遼寧省 001 はじめての遼寧省
遼寧省 002 はじめての大連
遼寧省 003 大連市街
遼寧省 004 旅順
遼寧省 005 金州新区
遼寧省 006 はじめての瀋陽
遼寧省 007 瀋陽故宮と旧市街
遼寧省 008 瀋陽駅と市街地
遼寧省 009 北陵と瀋陽郊外
遼寧省 010 撫順

渤海と黄海をわけるように伸びる遼東半島の南端に位置する大連。日本統治時代（1905〜45年）には「日本の植民地のなかでもっとも美しい都会」と憧憬のまなざしで見られ、当時からの伝統をもつ路面電車が今なお市街を走っている。

長いあいだ、大連の地にはさびれた集落がたたずむばかりだったが、1898年にロシアによって不凍港であることが注目され、都市開発が進められた（イギリスが香港を租借したように、ロシアがこの街を租借した）。その計画は日露戦争後、

はじめての大連
Dalian
大连 dà lián ダァーリエン

日本にも引き継がれ、明治時代以来、多くの日本人にとって大連は中国大陸への玄関口となってきた。

現在、東北三省の物資が集散される東北屈指の港湾都市という性格をもち、経済ばかりでなく中国最先端のファッションの街としても知られる。また街の郊外には日露戦争時に激戦が交わされた旅順、多くの日本企業が進出する金州新区を抱えている。

【まちごとチャイナ】

遼寧省 002 はじめての大連

CHINA
遼寧省

目次

はじめての大連 …………………………………………xviii

香しきアカシアの都へ ……………………………………xxiv

大連市街城市案内 …………………………………………xxxi

大連郊外城市案内 …………………………………………liii

旅順城市案内 ………………………………………………lxi

城市のうつりかわり ………………………………………lxxv

【MEMO】

【地図】大連市

【地図】大連市の［★★★］
- ☐ 大連 大连ダァーリエン
- ☐ 旅順 旅顺リューシュン

【地図】大連市の［★☆☆］
- ☐ 大連市経済技術開発区 大连市经济技术开发区 ダァーリエンシィジンジイジイシュウカイファアチュウ
- ☐ 金石灘 金石滩ジンシィタン
- ☐ 金州副督統衙署博物館 金州副都统衙署博物馆 ジンチョウフゥドゥトンヤァシュウボォウーグァン
- ☐ 南山 南山ナンシャン

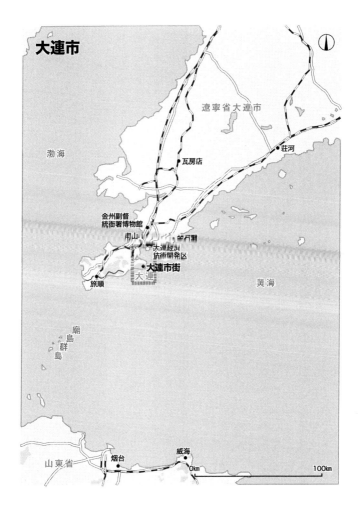

香しき
アカシア
の都へ

CHINA
遼寧省

上海、深圳、天津とならぶ港湾都市大連
かつて満鉄の本社が構えられていた歴史があり
現在は経済特区をもつ東北を代表する都市の顔を見せる

港町として発展した都市

19世紀、ロシアがイギリスと世界の覇権を争うなかで、イギリスの香港、上海、シンガポールといった都市に対抗するかたちで大連は歴史に現れた。海洋を制したイギリスに対して、ロシアはシベリア鉄道を敷いて、太平洋に臨むウラジオストクを手に入れていた。けれどもこの街には冬季に結氷期があることから、清国に不凍港である大連と旅順をふくむ遼東半島南端の租借を認めさせ、そこにシベリア鉄道の支線である東清鉄道を敷いた。こうして1898年、「東洋のパリ」と言われる帝政ロシアによる都市建設がはじまったが、日露戦

▲左　星海広場、満鉄が開発した星が浦をはじまりとする。　▲右　中山広場に残る日本統治時代の遺構

争後の 1905 年に鉄道とともに日本へ移譲されることが決まり、ロシアによる計画を日本が受け継ぐかたちで大連は発展していった。日本統治時代には満州への入口として上海に準ずる繁栄を見せ、その都市の性格は中華人民共和国になっても続いて現在にいたる。

アカシアの大連

1945 年の大連には 20 万人と言われる日本人が暮らしていて、この街で終戦を迎えた芥川賞作家清岡卓行の小説「アカシアの大連」によって当時の様子は広く知られる。ロシアによる都市建

遼寧省

設がはじまったとき、景観を保つための数千本のアカシアが本国からシベリア鉄道で運ばれ、移植された（実際はニセアカシアで、原産地の北アメリカから17世紀はじめヨーロッパにもちこまれ、フランスやロシアに広まった）。アカシアが白い花を咲かせる5月には、アカシア祭りが行なわれ、甘い香りが街を包む。こうしたアカシアの咲く大連のイメージは、かつて大連が日本の植民地だったこともあいまって定着するようになった。

大連という地名

ロシアがこの街の建設をはじめるまで、大連には青泥窪（チ

▲左 「アカシアの大連」のイメージは人口に膾炙している。　▲右　満州への窓口となってきた大連港

ンニワー）と呼ばれた細い川のそばに少しの集落がたたずむばかりであった。1898年、ロシア皇帝ニコライ2世による勅命で「（モスクワからの）遠方の」を意味するダールニーと名づけられ、現在の街につながる発展がはじまった。その後、日露戦争さなかの1905年2月、日本によってダールニーは大連（だいれん）と名づけられ、今ではそれが中国語読みでダァーリエンと呼ばれている。なお清朝時代の1860年の記録で、街ではなく湾の名前として大連湾の記述が見られ、ダールニーという名称も大連湾に由来すると考えられている。

【地図】大連

【地図】大連の [★★★]
- [ ] 中山広場 中山广场 チョンシャングァンチャン

【地図】大連の [★★☆]
- [ ] 大連駅 大连站 ダーリエンチャン
- [ ] 星海広場 星海广场 シンハイグァンチャン

【地図】大連の [★☆☆]
- [ ] 大連港 大连港 ダーリエングァン
- [ ] 人民広場 人民广场 レンミングァンチャン
- [ ] 老虎灘 老虎滩 ラオフゥタン

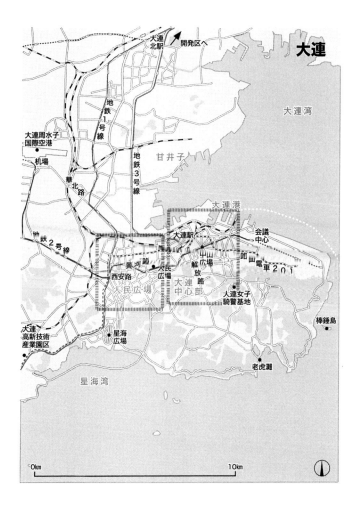

Dalian 香しきアカシアの都へ

【MEMO】

Guide,
Da Lian Cheng Shi
大連市街
城市案内

東洋のパリと称された放射状に伸びる街路
それらは街のいたるところにある
円形広場と結ばれている

中山広場 中山广场
zhōng shān guǎng chǎng チョンシャングァンチャン［★★★］
1899年、新たに街をつくるにあたって、その中心として整備された中山広場。直径約700フィート（約210m）の円形広場は、ロシア時代はニコライフスカヤ広場、日本統治時代は大広場と呼ばれて銀行や行政など街の心臓部になってきた。外国為替を専門に行なった国策会社の旧横浜正金銀行大連支店、海外からの賓客をもてなし迎賓館の役割を果たしていた旧大連ヤマトホテル、京都の祇園祭の山車が意識されたという旧大連市役所などがならび、現在でも当時の建築が使

【地図】大連中心部

【地図】大連中心部の [★★★]
- ☐ 中山広場 中山广场 チョンシャングァンチャン
- ☐ 旧ロシア人街 俄罗斯风情街 オォロスフェンチンジエ

【地図】大連中心部の [★★☆]
- ☐ 大連駅 大连站 ダァーリエンチャン
- ☐ 大連満鉄旧跡陳列館（旧南満州鉄道株式会社本社本館）大连满铁旧迹陈列馆 ダァーリエンマンティエジュウジイチャンリエガン
- ☐ 旧日本街 日本风情街 リイベンフェンチンジエ

【地図】大連中心部の [★☆☆]
- ☐ 勝利橋 胜利桥 シェンリィチャオ
- ☐ 大連観光塔 大连观光塔 ダァーリエンガングァンタァ
- ☐ 大連港 大连港 ダァーリエンガン

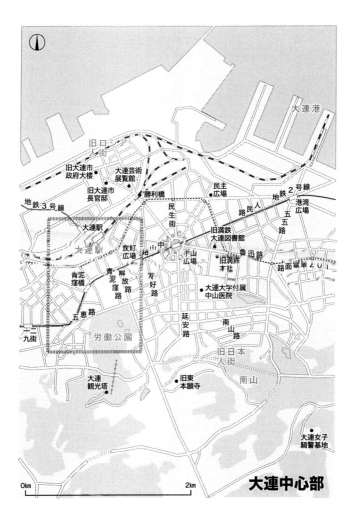

大連中心部

【地図】大連駅

【地図】大連駅の［★★★］
- [ ] 旧ロシア人街 俄罗斯风情街 オォロスフェンチンジエ

【地図】大連駅の［★★☆］
- [ ] 大連駅 大连站 ダァーリエンチャン
- [ ] 天津街 天津街 ティエンジンジエ

【地図】大連駅の［★☆☆］
- [ ] 勝利橋 胜利桥 シェンリィチャオ

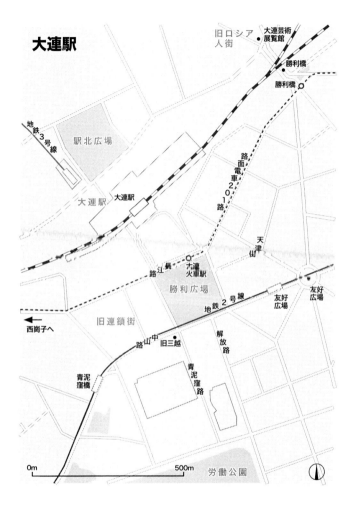

CHINA
遼寧省

われている。

日本による大連の都市開発

放射状の道路で区切られた中山広場の10の街区のうち、9つまでが日本統治時代に整備された。これはロシアが都市建設をはじめて10年も経たないうちに、1905年、日露戦争に勝利して日本が大連を獲得したためで、ロシアの都市計画、南満州を走る鉄道などを受け継ぐかたちで日本の植民がはじまった。日露戦争直後は軍政がしかれていたが、やがて1906年に大連をふくむ関東州と鉄道を経営する満鉄（南満

▲左 広場の向こうに見える旧大連ヤマトホテル。　▲右　中山広場に残る旧中国銀行大連支店

州鉄道株式会社）が創立され、やがて大連に本社がおかた。初代満鉄総裁となった後藤新平のもと大連の都市開発は進み、当初、中山広場と勝利橋と旧ロシア街、大連港がこの街の中心だったが、やがて成長とともに街は西に拡大し、星海公園の地にリゾート地も開発された。

勝利橋 胜利桥 shèng lì qiáo シェンリィチャオ ［★☆☆］

全長108.6mの勝利橋は、日本統治時代にかけられた日本橋を前身とする。中山広場とロシア人が最初に住み着いた旧ロシア街を結び、街の重要な動線となっている。

遼寧省

旧ロシア人街 俄罗斯风情街
é luó sī fēng qíng jiē オォロスフェンチンジエ [★★★]

1898年、大連の都市建設をはじめたロシア人が住居を構えたのが旧ロシア人街。大連の行政を担当したロシア東清鉄道汽船会社があった大連芸術展覧館、この街の都市プランを考えた建築技師サハロフが邸宅とした旧大連市長官邸(日本統治時代は満鉄総裁の住居となっていた)、突きあたりには旧大連市政府大楼が残っている。ロシアが東方進出を本格化させたのは1880年代のことで、シベリア鉄道を敷いてウラジオストクを太平洋の玄関口とし、大連、旅順への支線延長を

▲左　旧ロシア人街の入口に立つ大連芸術展覧館。　▲右　南山麓にはかつて日本人向けの高級住宅街が広がっていた

清国に認めさせた。この鉄道の経営はじめ満州における行政機能をになったのが東清鉄道で、1906年、満鉄は東清鉄道の権益を受け継ぐことになった。旧ロシア人街には、ロシア風の建物やキリル文字が見られるほか、ロシアによる建物を満鉄のものとして転用した歴史がある（日露戦争で多くの軍事費を使った日本に、新たに建物や都市をつくり変える資金がなかった）。

遼寧省

大連駅 大连站 dà lián zhàn ダァーリエンチャン [★★☆]

日本統治時代の 1937 年につくられた大連駅。降車客を 1 階、乗車客を 2 階へ動線を分離する当時としては革新的な構造をもつ駅として知られ、また同時期に建てられた上野駅、小樽駅と似た外観をもつ。大連駅には東北各地からの物資が集まり、ここから大連港と星海公園に向かって走る路面電車の起点になっている。また満鉄が開発し、大連と長春のあいだ(701 km) を 8 時間半で走ったあじあ号の技術はのちに新幹線に応用されることになった。

▲左　上野駅をほうふつとさせる大連駅。　▲右　天津街は大連でもっともにぎわいを見せる通り

天津街 天津街 tiān jīn jiē ティエンジンジエ［★★☆］

天津街は大連随一の繁華街で、日本統治時代からの伝統をもつ（当時は浪速町と呼ばれていた）。通りの両脇には大型店舗がならび、夜遅くまでにぎわいが続いている。また大連駅前の青泥窪路は大連発祥の地と知られるほか、現在はなくなっているがかつて日本人向け商店街の連鎖街があった。

遼寧省

大連観光塔 大连观光塔
dà lián guān guāng tǎ ダァーリエンガングァンタァ [★☆☆]

大連市街の中心に広がる労働公園に立つ大連観光塔。その高さは360 mになり、展望台からは大連市街が一望できる。

大連満鉄旧跡陳列館（旧南満州鉄道株式会社本社本館）
大连满铁旧迹陈列馆 **dà lián mǎn tiě jiù jì chén liè guǎn**
ダァーリエンマンティエジュウジイチャンリエガン [★★☆]

大連満鉄旧跡陳列館は、鉄道を軸にして、鉱山、大豆などの農地、教育、ホテルまでありとあらゆる事業を手がけた国策会社満鉄の本社跡。1906年に創設され、当初は遼東半島南

▲左 南山麓の旧日本人街は日本風情街として整備されている。 ▲右 旧満鉄本社、ここに日本から人材が送り込まれてきた

端の関東州と満鉄附属地の開発を行なっていたが、のちに規模が拡大し、終戦の 1945 年のときには中国人や韓国人をあわせて 20 万人の従業員がいた（1905 年、ロシアから譲渡された旅順、大連から長春までの鉄道は、満鉄によって東北中にめぐらされることになった）。魯迅路には満鉄関連の建物がいくつか残り、大連満鉄旧跡陳列館の斜向かいには旧満鉄大連図書館、また南側の裏手には旧満鉄大連医院が見られる。この満鉄の経営は、株式会社として植民地経営を行なっていたイギリス東インド会社をモデルにしたのだという。

CHINA
遼寧省

旧日本街 日本风情街
rì běn fēng qíng jiē リイベンフェンチンジエ ［★★☆］

大連市街の南側に広がるゆるやかな丘陵地（南山麓）は、満鉄によって開発され、日本人が多く暮らす高級住宅地だった。日本の植民都市として発展した大連には多くの日本人が暮らしていて、南山麓には日本の神社、東本願寺や西本願寺なども見られた。満鉄社員の給料は日本内地のそれよりもはるかに水準が高く、戦前にもかかわらず水洗トイレや子ども用の個室も一般的だったという。現在は日本風情街として整備され、ほかにも大連駅前の旧連鎖街（勝利広場の西）、大連市

街西部の沙河口、大連湾をはさんで北対岸の甘井子、星海公園近くの星海街などに日本人街があった。

日本統治時代の大連

大連はちょうど大陸への入口にあたり、戦前の日本人にとって上海とともに異国への接点となっていた。日本による大連の都市建設では、当時の東洋でも最先端の技術が導入され、電気や下水道などがいち早く整備された。戦前、日本の建物のほとんどが木造であった時代、ヨーロッパ風の建築が立ちならび、ゴルフ会やヨットクラブなどで余暇を楽しむ日本人

CHINA
遼寧省

の姿があった(また白系ロシア人の経営するダンスホールがあった)。こうしたところから、大連のハイカラな都市としてのイメージが定着していた。

大連港 大连港 dà lián gǎng ダァーリエングァン [★☆☆]
東北最大の港湾機能をもつ大連港。1年を通して結氷期のないことがロシアに注目され、1899年にはじまった開発は日本統治時代も受け継がれた(旅順が軍港なのに対して、大連は商業港として発展した)。三方向を海に囲まれた大連では豊かな海産物が陸揚げされるほか、山東省や中国各地からの

▲左　この街の繁栄の礎となってきた大連港。　▲右　芝生が敷き詰められた人民広場

船やタンカーなどの姿が見える。

人民広場 人民广场
rén mín guǎng chǎng レンミングァンチャン [★☆☆]

大連市街から西側に位置し、広大な敷地面積をもつ人民広場。現在、広場の北側に位置する大連人民政府の建物は、日本統治時代の関東庁（大連をふくむ関東州の行政、満鉄の管理を行なった）だったものが利用されている。交通整理を行なう女性警官の姿が見られるほか、女性警官が馬に乗ってパトロールする女性騎馬隊も存在する。

【地図】人民広場

【地図】人民広場の ［★★☆］
- ☐ 大連駅 大连站 ダァーリエンチャン
- ☐ 星海広場 星海广场 シンハイグァンチャン

【地図】人民広場の ［★☆☆］
- ☐ 人民広場 人民广场 レンミングァンチャン

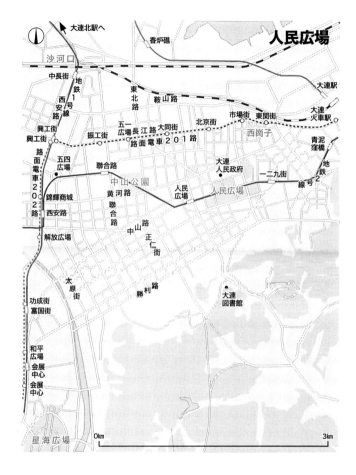

遼寧省

正仁街 正仁街 zhèng rén jiē チェンレンジエ ［★☆☆］

大連を象徴する光景でもあるアカシア（ニセアカシア）の並木が残る正仁街。大連のアカシアは都市景観を保つために植えられたもので、毎年5月ごろ美しい花を咲かせる。「槐花大道」（アカシア大通り）とも呼ばれている。

【MEMO】

Guide,
Da Lian Jiao Qu
大連郊外
城市案内

三方向を海に囲まれた大連には美しい景勝地が点在する
また市街から北東に離れた金州新区には
めざましい発展を続ける開発区が位置する

星海広場 星海广场
xīng hǎi guǎng chǎng シンハイグァンチャン [★★☆]

大連市街から西南に位置する星海広場は、もともと満鉄がリゾート地として開発した歴史をもち、1997年に現在の姿になった。広大な公園の周囲には国際会展中心、大連現代博物館などが立ち、ここでファッション・ショーの大連国際服装紡織品博覧会が行なわれるなど大連の新たな顔となっている（星海広場北西の星海街には、日本統治時代高級住宅地がおかれていた）。南側の海岸では夏に海水浴を楽しむ人々の姿が見られるほか、テーマパークも位置する。

遼寧省

老虎灘 老虎滩 lǎo hǔ tān ラオフゥタン [★☆☆]

大連市街南東の景勝地、老虎灘。動物園や海洋公園などの施設がおかれ、地名の由来となった虎の彫刻も立つ。

大連市経済技術開発区 大连市经济技术开发区
dà lián shì jīng jì jì shù kāi fā qū
ダァーリエンシィジンジイジイシュウカイファアチュウ [★☆☆]

外資の資本を呼び込むことで経済発展をうながすため、1984年に設置された大連市経済技術開発区。20世紀後半まで中国では計画経済によって国が運営されていたが、鄧小平が改

▲左 国際会展中心、大連現代博物館も位置する星海広場。　▲右　大連駅界隈のにぎわい

革開放を唱えたことで大連にも開発区が整備された。市政府の強い指導のもと、外資は税制面などで優遇を受け、日本企業も多く進出している。この大連開発区の特徴として、日本語が話せる人材の豊富さや生活環境の良さがあげられ、一方、上海や深圳などにくらべて後背地の市場規模が小さいところも指摘される。また大連の西郊外の大連高新技術産業園区でも多くの外資企業が拠点を構えている。

金石灘 金石滩 jīn shí tān ジンシィタン ［★☆☆］
金州新区の東端に位置する景勝地、金石灘。30kmにわたって

【地図】大連市経済技術開発区の [★☆☆]
- 大連市経済技術開発区 大连市经济技术开发区

    ダァーリエンシィジンジイジイシュウカイファアチュウ

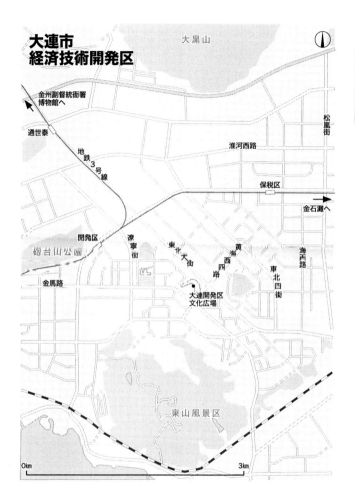

CHINA
遼寧省

海岸線が続く。

金州副督統衙署博物館 金州副督统衙署博物馆
jīn zhōu fù dū tǒng yá shǔ bó wù guǎn
ジンチョウフゥドゥトンヤァシュウボォウーグァン[★☆☆]

金州には古くから遼東半島南部の行政の中心があり、瀋陽の盛京将軍に準ずる副都統が統治を行なった副督統衙署がおかれていた。現在は博物館となっているほか、裏手には日清戦争の従軍記者としてこの地を訪れた正岡子規の句碑(「行く春の酒をたまはる陣屋哉」)が残っている。

▲左 開発区と金州区が合併して金州新区が生まれた。 ▲右 中国の伝統的な街区を残す金州

大黒山 大黑山 dà hēi shān ダァアヘイシャン ［★☆☆］

大連市街の北側にそびえる高さ663mの大黒山。この山の斜面には唐王教、観音閣、朝陽寺、響水寺などいくつもの寺院や景勝地が見られる。

南山 南山 nán shān ナンシャン ［★☆☆］

1904年の日露戦争で日本軍とロシア軍のあいだで激戦が交わされた南山。遼東半島はこのあたりで4kmほどの幅になるため、ロシア軍は南の大連を守るための要塞を構えていた。

Guide, Lu Shun
旅順城市案内

大連の西45kmに位置する旅順
ここは日露戦争で激戦が交わされたところで
街の周囲には戦跡がいくつも残る

旅順 旅順 lǚ shùn リューシュン ［★★★］

旅順は大連が商業港として発展してきたのに対して軍港としての歴史をもつ。旅順港は幅わずか300mほどしか開いておらず、市街の背後には200～500mほどの山々がとり囲むといった地形をもち、世界三大要塞にあげられることがあった。この旅順の中心に位置する旅順駅を境に東が旧市街、西が旧新市街となっている。

【地図】旅順

【地図】旅順の [★★★]
- [ ] 旅順 旅順リューシュン

【地図】旅順の [★☆☆]
- [ ] 旅順駅 旅顺站リューシュンチャアン
- [ ] 旅順博物館 旅顺博物馆リューシュンボォーグァン
- [ ] 旧関東軍司令部博物館 关东军司令部旧址博物馆 ガンドンジュンスーリンブゥジュウチィボォウーグァン
- [ ] 旧粛親王邸 肃亲王府旧址スゥチンワンフージュウチィ
- [ ] 日露監獄旧址博物館 日俄监狱旧址博物馆 リーオォジィアンユゥジュウチィボォウーグァン
- [ ] 白玉山塔 白玉山塔バイユゥシャンタア

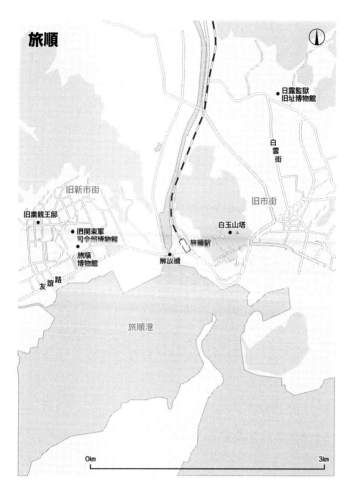

遼寧省

旅順駅 旅顺站 lǚ shùn zhàn リューシュンチァアン [★☆☆]
ロシア統治時代の1900年ごろに建てられた歴史をもつ旅順駅。ロシア風の緑の円屋根が印象的な木造建築で、日本統治時代も引き続き使われて現在にいたる。

旅順博物館 旅顺博物馆
lǚ shùn bó wù guǎn リューシュンボォウーグァン [★☆☆]
日本統治時代の1917年からの歴史をもつ旅順博物館。大谷光瑞が収集した唐代のミイラはじめ3万点もの収蔵点数をもつ。

▲左 203高地から旅順口をのぞむ。　▲右 ロシアが建てた旅順の駅舎

旧関東軍司令部博物館 关东军司令部旧址博物馆
guān dōng jūn sī lìng bù jiù zhǐ bó wù guǎn ガンドンジュンスーリンブゥジュウチィボォウーグァン [★☆☆]

日本の関東軍司令部がおかれていた旧関東軍司令部博物館。1906年、関東州の管轄、満鉄線路の警備、満鉄の業務監督を行なう関東都督府が旅順に設置されたが、やがて1919年に関東庁と関東軍に分離された（旅順に関東軍司令部、大連に関東庁があった）。関東軍の暴走から、1932年、満州国建国にいたる歴史があり、当時の記録が写真や模型とともに展示されている。

遼寧省

旧粛親王邸 肃亲王府旧址
sù qīn wáng fǔ jiù zhǐ スゥチンワンフージュウチィ [★☆☆]

1911年の辛亥革命を受けて、旅順に亡命していた皇族粛親王の邸宅跡。この粛親王の第14女が男装の麗人として知られる川島芳子で、この邸宅で少女時代を過ごしたという経緯がある。

日露監獄旧址博物館 日俄监狱旧址博物馆
rì é jiān yù jiù zhǐ bó wù guǎn
リーオォジィアンユゥジュウチィボォウーグァン [★☆☆]

ロシアと日本の統治時代に監獄がおかれていた日露監獄旧址

▲左　中蘇友誼紀念塔の奥に旧関東軍司令部博物館が見える。　▲右　遼寧省でも有数の規模をもつ旅順博物館

博物館。監房や取調室などが見られ、現在は博物館として開館している。

白玉山塔 白玉山塔
bái yù shān tǎ バイユゥシャンタア [★☆☆]

旅順の中心部にそびえる白玉山に立つ白玉山塔。日露戦争の死者をとむらうための忠霊塔で高さは66.8 mになる。1909年に建てられた。

【地図】旅順郊外

【地図】旅順郊外の [★★★]
- ☐ 旅順 旅順 リューシュン
- ☐ 203高地 203高地 アーリンサンガオディイ
- ☐ 水師営会見所 水师营会见所 シュイシィーインフイジィアンシュオ

【地図】旅順郊外の [★★☆]
- ☐ 東鶏冠山北堡塁 东鸡冠山北堡垒 ドンジィグァンシャンベイバオレイ

【地図】旅順郊外の [★☆☆]
- ☐ 旅順駅 旅顺站 リューシュンチャアン
- ☐ 旅順博物館 旅顺博物馆 リューシュンボォウーグァン
- ☐ 白玉山塔 白玉山塔 バイユゥシャンタア

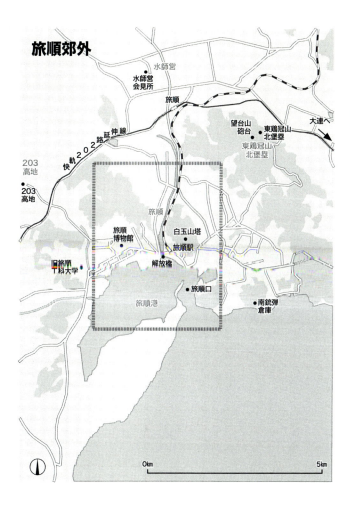

203高地 203高地
èr líng sān gāo dì アーリンサンガオディイ [★★★]

旅順市街の北西にあたる203高地は、1904〜05年の日露戦争で激戦が交わされたところ。高地の標高が203mであるところから、この名前がつけられた。乃木希典ひきいる第三軍は、旅順攻略のために正面攻撃を繰り返していたが、そのたびにロシアの機関銃の餌食になっていた。そうしたところから、203高地へ攻撃目標を変え、この高地を占領したのち、旅順港や旅順市街へ砲弾が届くようになった。山頂には乃木希典が砲弾を集めて建てた爾霊山塔やロシア軍艦を次々に沈

▲左 旅順港のロシア艦隊を次々に沈めた28センチ榴弾砲。 ▲右 乃木希典とステッセルが会見した水師営会見所

めた28センチ榴弾砲が残る。旅順攻防戦では、日本軍の死傷者5万9000余名を出すことになった。

水師営会見所 水师营会见所 shuǐ shī yíng huì jiàn suǒ
シュイシィーインフイジィアンシュオ［★★★］

日露戦争中の1905年1月5日、旅順を陥落させた乃木希典と降伏を申し出たロシアのステッセルが会見を開いた水師営会見所。前年から繰り広げられていた旅順攻防戦は、日本の203高地占領をきっかけに日本軍の優勢に進み、ついに旅順を陥落させた。現在は当時の農家が再現され、写真などが展

CHINA
遼寧省

示されている。写真撮影にあたって敗軍の将に帯剣を許すなど、乃木希典の紳士的な態度は広く語られることになった(水師営とは清の李鴻章がおいた北洋艦隊の駐屯地にちなむ)。

東鶏冠山北堡塁 东鸡冠山北堡垒
dōng jī guān shān běi bǎo lěi
ドンジィグァンシャンベイバオレイ ［★★☆］

旅順要塞の軸線上にあたる東鶏冠山北堡塁。日露戦争の旅順攻防戦にあたって、乃木希典ひきいる第三軍は、この東鶏冠山北堡塁（とその南西の望台山砲台）方面へ突撃したが、半

地下要塞と化したこの堡塁からの機関銃の嵐を受けて絶滅を繰り返した。現在、ロシア軍の兵舎、武器庫が残り、中央には石碑が立つ。日本軍は地下にトンネルを掘ってこの堡塁に進み、やがて203高地占領後、この東鶏冠山北堡塁も陥落させた。また南西には、連なる要塞のなかでも一際高い標高185mに位置する望台山砲台が残っている。

城市の
うつり
かわり

近代までわずか15戸の民家があるに過ぎなかった寒村大連はその港湾機能が注目され植民都市として発展をはじめたダールニーからダイレン、ダーリエンへいたる道のり

明清時代まで（〜19世紀）

遼東半島では6000年以上前から人類の営みがあり、大連は魏晋に三山、唐代には三山浦などと称されていた。やがて明代に入ると、沙河口に倭寇に対する砦が築かれ、辺境の警備にあたった。1857年、アロー号戦争のさなか、北京に向かう英仏連合軍が大連湾に上陸し、女王にちなんでヴィクトリア湾と名づけ、一時的にこの地を占領した（北京と外洋を結ぶ停泊地の役割を果たした）。こうしたなか、遼東半島南部の政治、経済の中心は明清以前から金州にあり、19世紀末まで大連には青泥窪と呼ばれる小川沿いに15戸ほどの集落

CHINA
遼寧省

があるにすぎなかった。

清代末（19世紀）

清代に入ってから大連湾という名前が現れ、1887年に清朝の李鴻章はドイツ人顧問ハイネッケンの意見を受けて旅順に北洋艦隊の基地をつくり、続いて1880年代に大連にも埠頭がもうけられた（現在の大連市街対岸の柳樹屯）。1894年に日清戦争が起こるといち早く近代化に成功した日本が勝利し、1895年、伊藤博文と李鴻章のあいだで結ばれた下関条約で、遼東半島の日本への割譲が決まった。一方で同時期に

▲左　旧ロシア街にて、いくつもの国の足跡が残る。　▲右　三方向を海に囲まれた大連では新鮮な魚介類が味わえる

シベリア鉄道を敷設して東アジアへの進出をはかっていた大国ロシアはフランス、ドイツを誘い、遼東半島は清国に返還させられることになった（三国干渉）。日本国内では臥薪嘗胆が唱えられ、ロシアと世界の覇権を争うイギリスと日本のあいだで1902年、日英同盟が結ばれた。

ロシア統治時代「ダールニー」（1898～1905年）

三国干渉後の1898年、ロシアは清国と露清条約を結んで、大連、旅順をふくむ関東州を清国から租借し、大連の開発がはじまった。冬季に利用できなくなるウラジオストクに対し

CHINA
遼寧省

大連と旅順は不凍港で、大連を自由港、旅順を軍港とすることが決まった。シベリア鉄道の支線である東清鉄道がハルビンから大連、旅順まで伸び、ロシア語で「遠方の」を意味する植民都市ダールニーの建設がはじまった。中山広場を中心に放射状に道路が広がる大連の街区は、このロシア時代のもので、設計者サハロフ技師はその後、ダールニー市長についた（ウラジオストクでも設計を行なった）。道路工事、港湾労働などは山東省をはじめとする中国人苦力（クーリー）がになうことになった。

▲左　旅順の東鶏冠山北堡塁、日露戦争の激戦で日本は大連を手に入れた。
▲右　大連には日本語を話せる中国人も多い

日本統治時代「ダイレン」（1905～1945年）

中国東北部で権益の衝突した日本とロシアは1904年に戦争に突入し、日露戦争初期に日本は大連を占領した。軍費の調達にあたった横浜正金銀行が日露戦争中から大連に進出し、また戦争が終わると商人などがこの街に移住した。ダールニーと呼ばれていたこの街は、1905年、大連と名づけられ、ロシアが清国から租借していた関東州と南満州の鉄道を日本が受け継ぐことになった。この関東州と南満州鉄道（またその附属地）の経営にあたったのが満鉄で、初代総裁に後藤新平が就任すると、ロシアの都市プランを継承するかたちで街

CHINA
遼寧省

づくりが進められた。1945年に日本統治が終わるまで、大連は満州へ続く玄関口として、また日本よりも早く近代化が進んだ文明的な暮らしができる街として知られていた。

戦後「ダァーリエン」(1945年〜)

1945年にソ連が日本に宣戦布告し、日本が敗戦すると、大連はソ連の統治を受けることになった。中国国民党と中国共産党による国共内戦をへて、1949年に中華人民共和国が成立したのち、大連はソ連から中国に引き渡され、1950年、旅順と大連の一文字をとって旅大と呼ばれた。日本統治時代

Dalian 城市のうつりかわり

の建物がそのまま使われ、1981年には旅大市から大連市へと再び名前を変えた。現在、東北を代表する港湾都市となっているほか、1984年に大連市街の北東に開発区（金州新区）がつくられ、日本企業をふくむ多くの外資系企業が進出している。

参考文献

『大連市史』(大連市編 / 大連市)
『大連の都市計画史』(越沢明 / 日中経済協会会報)
『中国世界遺産の旅 1』(石橋崇雄 / 講談社)
『図説「満洲」都市物語』(西沢泰彦 / 河出書房新社)
『全調査東アジア近代の都市と建築』(筑摩書房編 / 大成建設)
『満鉄とは何だったのか』(山田洋次・藤原良雄 / 藤原書店)
『世界大百科事典』(平凡社)
[PDF] 大連地下鉄路線図 http://machigotopub.com/pdf/dalianmetro.pdf
[PDF] 大連空港案内 http://machigotopub.com/pdf/dalianairport.pdf
[PDF] 大連路面鉄道路線図 http://machigotopub.com/pdf/dalianromen.pdf

まちごとパブリッシングの旅行ガイド
Machigoto INDIA , Machigoto ASIA , Machigoto CHINA

【北インド - まちごとインド】

001 はじめての北インド
002 はじめてのデリー
003 オールド・デリー
004 ニュー・デリー
005 南デリー
012 アーグラ
013 ファテープル・シークリー
014 バラナシ
015 サールナート
022 カージュラホ
032 アムリトサル

【西インド - まちごとインド】

001 はじめてのラジャスタン
002 ジャイプル
003 ジョードプル
004 ジャイサルメール
005 ウダイプル
006 アジメール(プシュカル)
007 ビカネール
008 シェカワティ
011 はじめてのマハラシュトラ
012 ムンバイ
013 プネー
014 アウランガバード
015 エローラ
016 アジャンタ
021 はじめてのグジャラート
022 アーメダバード
023 ヴァドダラー(チャンパネール)
024 ブジ(カッチ地方)

【東インド - まちごとインド】

002 コルカタ
012 ブッダガヤ

【南インド - まちごとインド】

001 はじめてのタミルナードゥ
002 チェンナイ
003 カーンチプラム
004 マハーバリプラム
005 タンジャヴール
006 クンバコナムとカーヴェリー・デルタ
007 ティルチラパッリ
008 マドゥライ
009 ラーメシュワラム
010 カニャークマリ
021 はじめてのケーララ
022 ティルヴァナンタプラム
023 バックウォーター(コッラム〜アラップーザ)
024 コーチ(コーチン)
025 トリシュール

【ネパール - まちごとアジア】

001 はじめてのカトマンズ
002 カトマンズ
003 スワヤンブナート

004 パタン
005 バクタプル
006 ポカラ
007 ルンビニ
008 チトワン国立公園

【バングラデシュ - まちごとアジア】

001 はじめてのバングラデシュ
002 ダッカ
003 バゲルハット（クルナ）
004 シュンドルボン
005 プティア
006 マイナマティ（コミラ）
007 パハルプール

【パキスタン - まちごとアジア】

002 フンザ
003 ギルギット（KKH）
004 ラホール
005 ハラッパ
006 ムルタン

【イラン - まちごとアジア】

001 はじめてのイラン
002 テヘラン
003 イスファハン
004 シーラーズ
005 ペルセポリス
006 パサルガダエ（ナグシェ・ロスタム）
007 ヤズド
008 チョガ・ザンビル（アフヴァーズ）
009 タブリーズ
010 アルダビール

【北京 - まちごとチャイナ】

001 はじめての北京
002 故宮（天安門広場）
003 胡同と旧皇城
004 天壇と旧崇文区
005 瑠璃廠と旧宣武区
006 王府井と市街東部
007 北京動物園と市街西部
008 頤和園と西山
009 盧溝橋と周口店
010 万里の長城と明十三陵

【天津 - まちごとチャイナ】

001 はじめての天津
002 天津市街
003 浜海新区と市街南部
004 薊県と清東陵

【上海 - まちごとチャイナ】

001 はじめての上海
002 浦東新区
003 外灘と南京東路
004 淮海路と市街西部
005 虹口と市街北部
006 上海郊外（龍華・七宝・松江・嘉定）
007 水郷地帯（朱家角・周荘・同里・甪直）

【河北省 - まちごとチャイナ】

001 はじめての河北省
002 石家荘
003 秦皇島
004 承徳
005 張家口
006 保定
007 邯鄲

【江蘇省 - まちごとチャイナ】

001 はじめての江蘇省
002 はじめての蘇州
003 蘇州旧城
004 蘇州郊外と開発区
005 無錫
006 揚州
007 鎮江
008 はじめての南京
009 南京旧城
010 南京紫金山と下関
011 雨花台と南京郊外・開発区
012 徐州

【浙江省 - まちごとチャイナ】

001 はじめての浙江省
002 はじめての杭州
003 西湖と山林杭州
004 杭州旧城と開発区
005 紹興
006 はじめての寧波
007 寧波旧城
008 寧波郊外と開発区
009 普陀山
010 天台山
011 温州

【福建省 - まちごとチャイナ】

001 はじめての福建省
002 はじめての福州
003 福州旧城
004 福州郊外と開発区
005 武夷山
006 泉州
007 厦門
008 客家土楼

【広東省 - まちごとチャイナ】

001 はじめての広東省
002 はじめての広州
003 広州古城
004 天河と広州郊外
005 深圳（深セン）
006 東莞
007 開平（江門）
008 韶関
009 はじめての潮汕
010 潮州
011 汕頭

【遼寧省 - まちごとチャイナ】

001 はじめての遼寧省
002 はじめての大連
003 大連市街
004 旅順
005 金州新区

006 はじめての瀋陽
007 瀋陽故宮と旧市街
008 瀋陽駅と市街地
009 北陵と瀋陽郊外
010 撫順

【重慶 - まちごとチャイナ】

001 はじめての重慶
002 重慶市街
003 三峡下り（重慶〜宜昌）
004 大足

【香港 - まちごとチャイナ】

001 はじめての香港
002 中環と香港島北岸
003 上環と香港島南岸
004 尖沙咀と九龍市街
005 九龍城と九龍郊外
006 新界
007 ランタオ島と島嶼部

【マカオ - まちごとチャイナ】

001 はじめてのマカオ
002 セナド広場とマカオ中心部
003 媽閣廟とマカオ半島南部
004 東望洋山とマカオ半島北部
005 新口岸とタイパ・コロアン

【Juo-Mujin（電子書籍のみ）】

Juo-Mujin 香港縦横無尽
Juo-Mujin 北京縦横無尽
Juo-Mujin 上海縦横無尽

【自力旅游中国 Tabisuru CHINA】

001 バスに揺られて「自力で長城」
002 バスに揺られて「自力で石家荘」
003 バスに揺られて「自力で承徳」
004 船に揺られて「自力で普陀山」
005 バスに揺られて「自力で天台山」
006 バスに揺られて「自力で秦皇島」
007 バスに揺られて「自力で張家口」
008 バスに揺られて「自力で邯鄲」
009 バスに揺られて「自力で保定」
010 バスに揺られて「自力で清東陵」
011 バスに揺られて「自力で潮州」
012 バスに揺られて「自力で汕頭」
013 バスに揺られて「自力で温州」

【車輪はつばさ】
南インドのアイラヴァテシュワラ寺院には建築本体に車輪がついていて寺院に乗った神さまが人びとの想いを運ぶと言います。

・本書はオンデマンド印刷で作成されています。
・本書の内容に関するご意見、お問い合わせは、発行元の
　まちごとパブリッシング info@machigotopub.com までお願いします。

まちごとチャイナ
遼寧省002はじめての大連
～「遼東半島」北海の真珠へ [モノクロノートブック版]

2017年11月14日　発行

著　者	「アジア城市（まち）案内」制作委員会
発行者	赤松　耕次
発行所	まちごとパブリッシング株式会社 〒181-0013　東京都三鷹市下連雀4-4-36 URL http://www.machigotopub.com/
発売元	株式会社デジタルパブリッシングサービス 〒162-0812　東京都新宿区西五軒町11-13 清水ビル3F
印刷・製本	株式会社デジタルパブリッシングサービス URL http://www.d-pub.co.jp/

MP155

ISBN978-4-86143-289-7 C0326　　　Printed in Japan
本書の無断複製複写（コピー）は、著作権法上での例外を除き、禁じられています。